我和你之間的故事，

從旅行開始

作者／李小龍 Justin Li

U0032269

我和你之間的故事，從旅行開始

/ 序 /

這是段沒有終點的旅程，我和你都要繼續走下去……

我認為旅行是一條美好的路，踏上之後，就不會離開。

旅行擁有的獨特魅力，深深吸引著每個人，靠近它，感受旅行中的自在恢意，享受過旅行帶來的開心喜悅，這輩子都會愛上旅行。腦海中憧憬的，滿滿的都是旅行在燦爛的美麗風景，每天辛苦工作，努力生活，盼望著旅行那天的到來。因為旅行是我們逃離現實的最佳機會，更是擁有自由飛翔的希望。

而我是從哪時候開始愛上旅行的呢？

還記得 2007 年的 5 月，那時候我還是個朝九晚五的上班族，有一天，父親打電話給我：「小龍，你要不要出國玩？」爸爸缺一個室友；原本要跟父親一起出國的室友臨時有事不能同行，於是我就遞補了這個室友的位置。同團的其他人都稱讚我很孝順，帶著父親出國旅行，實際上卻是他帶著我出去玩，不過我也是抱著可以有更多時間與自己的父親相處而參加的。

那次的國外旅行，是有記憶以來的第一次出國，對於旅行

捷克

人生的不完美，用旅行來填滿。

中遇見的一切人事物都感到新奇，就連搭飛機也覺得興奮而開心的笑著，三餐都有人打理，在舒適的巴上還有精采的歷史故事可以聽，每晚都睡在不同的高級飯店，什麼事情都不用想，只要負責吃飯，睡覺跟拍照。

那六天的旅行，讓我覺得，原來人生可以如此美好。

不過，在那次的旅行中，最後悔的人應該是父親，把我帶出國，卻沒辦法把我從旅行中帶回來。

我不只因此愛上了旅行，後來還進了旅遊業。

但是父親認為旅行就是玩樂，是無法賴以維生的。當我辭去高薪的科技新貴工作，跑來做低薪的旅遊業務時，他氣到一年都沒跟我說話。作父母的總是會擔心孩子餓肚子，不過在自己努力跟堅持下，我還是撐過去了，我考取了國際領隊執照，順利的當上了歐洲線領隊，我想，現在他們會感到欣慰，因為我並沒有放棄自己後來選擇的路。

選擇什麼路走不重要，重要的是對自己的選擇負責任。

後來開始做著我最愛的事情——旅行。因此我有機會常常到歐洲各地，不僅如此，每次都帶著一大群志同道合的朋友跟著我去旅行，也因為這些團員朋友，才有了一篇又一篇的旅行故事，有令人捧腹大笑的情節，緊張刺激的突發狀況，還有溫馨感人的畫面，以及更多來自旅行中的不捨與感動。

還記得當初旅行社主管問我：為什麼想進來旅遊業工作？
我說因為很喜歡看著出國旅行的人那種開心又快樂的樣子。而且可以認識社會上各行各業的朋友，因為我們都有著共同的興趣，旅行。

對我來說旅行不只是工作，更是認識世界最快的方法。

在開始說這些故事之前，我必須先感謝在旅行的路上一起相知相惜的團員，如果沒有你參加旅行團就不會有我出國旅行的機會，更不會出現這些珍貴的旅行片段與回憶，我和你的生命也不會有交集、相遇。

謝謝愛旅行的你及過去的美好！

可能你早把我忘了，或者你還記得，其實這些都無所謂，畢竟我只是你生命中短暫出現的某一位旅行團領隊，重要的是，我並沒有忘記，那段我們曾經一起在歐洲旅行的快樂時光。而這本書會是最好的證明。

2007 年 江南

如果你傷心難過，不如我們去旅行，

就算無法好起來！路上還有我陪著你一起哭！

我和你之間的故事，從旅行開始

每一個精采的旅行故事，都在路上等著我們去上演。
讓旅行帶我們到更好的地方，遇見更幸福的自己。

葡萄牙

土耳其 伊斯坦堡

西班牙 托雷多

捷克 布拉格

愛在
旅行時蔓延

出發去旅行很幸福，
因為愛帶在旅行的路上。
永恆不變的承諾，是跟你一起旅行
到老，直到地老天荒的那天！

義大利 佛羅倫斯

我和你之間的故事，從旅行開始

✈ 捨不得吃完的便當

在每位遊子的記憶夾層中，都收藏著魂牽夢縈的家鄉味。

南部天空陰陰灰灰的，坐往北上高鐵的我，手中握著一個紅白色塑膠袋，裡頭裝著熱騰騰的便當。抵達桃園高鐵站，太陽露臉了，手裡的便當卻冷掉了；捨不得吃掉媽媽做的便當。

因為今天起床比較晚，匆忙的整理完行李後就跟媽媽說要趕搭高鐵去桃園機場，所以不在家吃飯了。想不到，她很快速的在我跳上計程車前拿了一個便當給我，要我在車上吃，裡面裝的全都是我最喜歡的菜。便當的溫度讓手很暖、心也跟著暖，捨不得吃掉的便當，捨不得離開溫暖的愛。

我想，即使是三顆星的米其林餐廳大廚，也不會知道我喜歡吃什麼菜。

在歐洲的日子裡，不知道有多少回，內心渴望著這熟悉的家鄉美味，只能暫時閉上眼睛，彷彿空氣中飄來陣陣的香

有一種便當是全世界最美味的，名字是媽媽做的便當。

桃園高鐵

味，然後耳朵傳來熟悉的呼喚聲：「龍啊！飯煮好了，過來吃飯。」朋友羨慕我餐餐都可以吃高級餐廳，殊不知！我更羨慕那些每餐都可以在家吃飯的朋友。

即使不捨的把便當放到冷掉了，但吃起來內心還是暖暖的。

每一口飯跟菜對我來說，都是珍饈佳肴彌足珍貴的，也是世界上最美味的料理；因為便當裡裝滿媽媽的愛心與關懷。

在每趟的旅程中，最思念的就是再吃到這個捨不得吃完的便當。

最不捨的是離開那溫暖的家。

希望有一天，讓我帶著思念的味道去旅行，一起看看外面的美麗世界。

土耳其 孔亞

西班牙生火腿

唯有透過不斷的出走，
把自己放逐在遙遠的異地，
才能深刻體會思念家鄉的滋味，
回家才是出發去旅行的真正目的。

克羅埃西亞 札格瑞布

我和你之間的故事，從旅行開始

克羅埃西亞的愛

妳和他的愛在克羅埃西亞開始，結束也是。

這是一段妳說過的旅行愛情故事⋯⋯

妳說克羅埃西亞對妳有特別的意義，這是妳第二次來到克羅埃西亞，不過這次妳是帶著傷心與難過而來。

「既然如此傷心，為何還要再來？不怕觸景傷情嗎？」我納悶的問著。

「因為在哪裡開始，就該在哪裡結束呀！」妳紅著眼眶勉強的笑著說。

妳和他是參加克羅埃西亞旅行團認識的，我是那團的領隊。你們開始說話是因為在扎格雷布時，他急著找他奶奶，當他問妳：「有沒有看到奶奶？」善良的妳一聽到奶奶不見了，著急的跑來跟我說：「有一位團員奶奶走丟了！」於是我們三個就在扎格雷布的卡普托區域（KAPTOL）繞了好幾圈，才在一間超市前的座位上找到奶奶，他激動的謝謝我跟妳。

這之後，你們就經常坐在一起吃飯，那是我刻意的安排，因為他來跟我說之後能不能讓他跟奶奶還有妳同桌吃飯。

漸漸的，你們愈走愈近、有說有笑的，空氣中有了粉紅泡泡，我也為你們感到開心。所以在自由活動時，我很識相的帶著他的奶奶去喝咖啡，好讓你們有更多相處的機會。1 次、2 次後，奶奶忍不住的問我：「領隊，我孫子是不是跟那位小姐在交往呢？」

我說：「我不知道耶，不過你喜歡那位小姐嗎？」
奶奶說：「喜歡啊，如果能當我的孫媳婦多好！」。

行程要結束的前一天，他跑來跟我說謝謝我一路上一直照顧奶奶，也讓他找到了女朋友，他臉上的幸福笑容，我現在還記得。回程飛機上，我當然是安排他跟妳坐在一起，讓你們在飛機上可以好好的談戀愛。到了桃園機場說再見時，我跟你們說：「度蜜月的時候，還要來參加我的團喔！」

這是我第一次扮演旅行月老，如此成功。
在旅行中燃起的愛苗，總是格外浪漫。

過了一年的時間，我再次帶團來到克羅埃西亞，在旅客名單上看到妳的名字，卻沒有他。

妳說他跟前女友復合了，原來他在那次的克羅埃西亞旅行前剛跟女友分手。回去後他跟前女友還是有聯絡，沒多久他就回到前女友身邊了！

「天啊！怎麼會變成這樣？」我驚訝的說著。

妳說：「沒關係，感情本來就是兩情相悅，我刻意再參加一次你的克羅埃西亞團，再重走一次我跟他走過的路，就這樣把愛埋藏在原點，之後，將他徹底的忘掉。」

在旅行中找到的愛，卻也在旅行中消失。

一個人的時候，
最難過的不是你孤單一個人，而是心底還想
著另外一個人。
在最孤單的時刻，
正是該對自己好的時刻。
這時候，正是開始旅行的時候……

土耳其 庫薩達西

我和你之間的故事，從旅行開始

✈ 旅行遇見的過去

曾經，我們說好一起去旅行，
因為妳說跟喜歡的人去旅行很幸福。

那天在回臺灣的飛機上，我看見了妳，我知道妳也看到我，
在那一刻，周遭的人就像被按下了暫停鍵，畫面聚焦在我
和妳的眼神交會，我的心跳加快，呼吸加速，覺得機艙內
空氣稀薄，正當不可思議的看著妳，而不知道該不該打招
呼的時候，周遭的播放鍵又被按了下去……

「先生，不好意思，麻煩讓後面的人先過喔。」空姐提醒
著發愣的我已經堵住了窄小的飛機走道。

我只好邁開腳步繼續往前走到我的飛機座位，腦袋卻開始
自動播放 10 多年前的影像……

「龍，有一天我們去國外旅行好不好？」妳撒嬌的說。

「好啊！妳想做什麼我都陪妳，妳想去哪旅行？」我那時
還沒當領隊。

「我想去……有你陪我的國度！」妳像隻無尾熊抱著我說。

「這樣喔！那我帶妳去月球旅行。」我開玩笑的回答妳。

「吼，不管啦！我們一定要去義大利玩，跟喜歡的人去旅行很幸福！」妳嘟著嘴說著。

還記得在我生日那天，妳送了一隻手錶給我，妳說：「送手錶給你，之後約會不能再遲到了！我送你手錶，你要帶我去義大利玩。」（這樣好像我比較吃虧耶！）

就在我答應帶妳去義大利玩之後，我的工作愈來愈忙，竟任由工作沖淡了感情，就這樣一年過去，我們還是沒有去義大利。

之後在無數次的爭吵中我們分開了。

雖然沒有一起去義大利玩，但我一直留著那隻手錶，還帶它進出了義大利無數次。或許是想彌補心中的遺憾吧！

很巧的是，這次在從義大利的回程飛機上遇見了妳，已經10多年沒見，妳依舊沒變，變得是妳身邊多了一位護花使者。看見這一幕，內心感到些許落寞，但我心裡是替妳開心的。

此時此刻，不打擾是送給你最好的祝福，最後的溫柔。

如果不想留著遺憾，
就把時間留給最愛，帶著她一起去旅行。

克羅埃西亞 札格瑞布

✈ 一起旅行到老

陪你走到最後的或許不是最愛，
卻一定是此生的真愛！

一步步走過的旅行印記，慢慢訴說的是屬於他們的浪漫故
事。

我的團員幾乎都是退休的大哥大姊，一方面是因為退休後
比較有時間，另一個原因是經濟也比較寬裕，畢竟歐洲旅
行動輒 10 幾天、費用 10 幾萬，所以團員多半是結婚 20 年、
30 年甚至是 40 年的老夫老妻。

剛開始帶團時，面對這些大哥大姊，我還真的不知道怎麼
跟他們相處，畢竟對我來說，他們不只是客人更是長輩，

斯洛維尼亞 布萊德湖

但是經過這幾年不斷的帶團歷練，加上我喜歡跟他們聊天，漸漸喜歡跟這些充滿人生經驗的大哥大姊出遊，看著他們滿是皺紋與歲月痕跡的手牽著彼此的手，我才明白什麼是真愛！

他們的愛經得起時間的考驗，不論經過多少的風風雨雨，他們還是走了過來。在旅行的路上，他們一起驚喜，一起感動，一同爬過高山，一同走過世界上的大街小巷。

曾經，我問過一對 70 幾歲的老夫妻團員，我說：「你們的感情真的很好，到哪都牽著手，真的是羨煞旁人！到底怎麼維持的呢？」

大哥說：「我們靠著旅行維持感情的，只有在旅行的時候，我們才會像回到初戀似的手牽著手，因為旅行時心情很輕鬆，內心很快樂，可以讓我們的感情愈來愈好。」

一起活到老，旅行到老……

杜拜

當這世界只在乎你是否達成目標
只有家人關心你路途上辛不辛苦。
人生的旅途上,
你從來都不是孤單一個人!

接下來的每一次旅行都是為了與你久別重逢！

準備出發

在旅行的路上，
尋找消失許久的笑容……

芬蘭 凱米破冰船

我和你之間的故事，從旅行開始

葡萄牙 里斯本

✈ 左胸還是右胸好？

旅行前的心情，往往是期待又興奮！

今天在家裡忙著整理行李，準備明天帶團去西班牙，接到一通電話，是一位團裡的大哥打來的。

大哥的聲音聽起來有點急：「你好！請問是李小龍領隊嗎？我是你明天去西班牙的團員，我姓林，請問領隊先生貴姓？」

「大哥你好，我姓李。」（我差一點在電話中笑場了，大哥不是叫我李小龍領隊了嗎？怎麼還會問我姓什麼？我一直忍著不敢笑。）

大哥又問：「領隊先生，有問題想請教，因為在旅行時我不想洗衣服，請問這樣我要帶幾件內褲，幾件內衣才夠？」「大哥，我們的行程是住 10 個晚上，這樣的話，要不你就帶 10 件內褲，10 件內衣或者直接帶免洗內衣褲。」

「好辦法！免洗內褲好像很方便，使用後可以直接拋棄。只是拋棄式內褲會不會比較薄呀？想再請問一下，因為我

不想帶信用卡，請問如果只帶歐元現金的話，大概要準備多少錢？」

「大哥，如果覺得拋棄式內褲太薄，可以一次穿兩件啦！另外我們的行程都是含三餐，也沒有自費活動，帶多少錢還是看個人消費習慣，通常每位貴賓大概都帶五百歐左右。」

「了解，我還是帶一張信用卡再加五百歐好了。最後，再請問一下，貴公司有發一個旅行社名字的胸牌，請問到時候，在機場時我要別在左胸或右胸比較好？」

我終於忍不住大聲的笑，「大哥，別在左胸或右胸都可以，不然到時候我再多給你一個，可以左胸右胸各別一個。」

他真是一位無厘頭的大哥，不過旅行中他玩得可真開心！

葡萄牙 里斯本

克羅埃西亞 十六湖

旅行需要準備的不只是行李，
還要帶著一顆幽默的心。

✈ 去機場最重要的東西

時光飛逝，年華不再，我已經到了不能再搬行李爬樓梯的年紀。

每次出團去歐洲前一天都要從高雄北上臺北總公司交接，所以會夜宿在臺北的飯店。為了省錢，通常都會選擇便宜的飯店。晚上從公司離開後拉著一大一小的行李坐捷運來到了飯店，這次在臺北住的房間只要 900 元，我也沒有預期會有多好。房間是在 5 樓，在小到爆炸的櫃臺 check in 後，櫃臺小姐跟我說：「對不起，目前電梯壞掉，要明天才會有人來修理，可能要麻煩先生慢慢爬樓梯上去。」

「這樣喔！沒關係，我自己扛上去 5 樓，還可以順便練體力。」我故作輕鬆的對櫃臺小姐說著。

於是我右手拿 29 吋大行李，左手拿 20 吋小行李，還背了後背包，一步一步慢慢爬上 5 樓。終於爬到了 5 樓的樓梯口，把雙手的行李放在地上後，「喀」的一聲，完了！我閃到腰！！！進房後我邊碎念著自己早已不是 20 幾歲的年輕小伙子，邊冰敷著自己的腰，而且隔天還要出團去歐洲，真是青天霹靂！

然後隔天早上退房時，天啊！媽啊！電梯還沒有修理好。於是我這次不逞強了，為了避免行李太重，一次只扛一個行李下樓，但是這樣我不就多上下一次樓梯了嗎？我真的是有夠聰明的啦！豬頭，果然便宜沒好貨的飯店。

事情還沒有結束……

我拉著 1 大 1 小的行李，帶著腰傷坐上計程車往桃園機場移動，下車後忍著腰痛拖著行李走進機場航廈，然後打開小行李拿出團員的護照整理，20 分鐘後，我要拿自己的護照，搜遍了背包，咦，我的護照呢？

老天爺呀！我的護照不見了……

該不會掉在計程車上了吧？我真的急死了！距離跟團員集合時間只剩下 1 個小時，我又要忙著幫團員辦 check in，於是我先打電話給計程車公司，請他們聯絡司機先生，司機打給我說車上沒有護照。

還好，就在這時候，飯店人員打給我說在房間的床下地板發現一個黃褐色護照套跟一本護照，我真的感動到眼淚快飆出來了！我拜託他們找人坐計程車幫我送來機場，我當然是包了大紅包給飯店的人，因為這種感覺跟死裡逃生差不多。

去機場最重要的兩樣東西——護照跟健康，在那一天我都沒有。

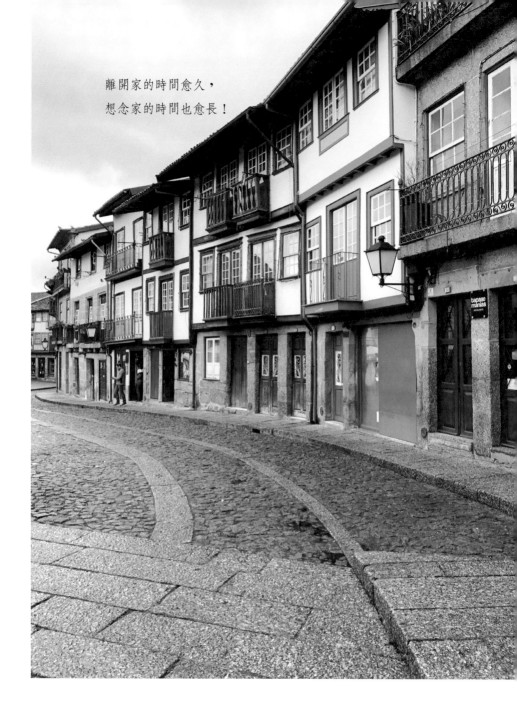

離開家的時間愈久，
想念家的時間也愈長！

義大利 聖吉米納諾

我和你之間的故事，從旅行開始

✈ 我不是妳的領隊啦

下次參加旅行團記得要看清楚旅行社的名字。

今天提早了 3 個小時到達機場,因為早起的鳥兒有蟲吃,目的是為了幫團員劃到比較好的飛機位置,也避免有新婚夫妻的飛機座位沒坐在一起會怨我一輩子呀!所以走到阿聯酋航空的團體櫃臺時,我是排在第一個。等到櫃臺開了之後,我順利的辦好團員們的登機證,地勤人員問我自己的位置要不要跟團體在一起,我說當然要在一起,因為我不怕團員問我問題的,而且在飛機上團員看的到我也會比較安心。

隨著集合時間慢慢接近,團員們陸陸續續的來找我報到,我也一一發給團員行李牌,WIFI 機,但還沒有把護照跟登機證給團員。

等到確定團員都來了之後,我就開始簡短的注意事項提醒:「目前西班牙首都馬德里天氣約 20 度,我們到當地的穿著是薄外套加長袖。等一下我會發護照給你們,拿到護照後,跟著我去掛行李,注意超過 100 毫升的液體要放在大行李托運,鋰電池、手機跟相機一定要隨身,我們今天搭的班

西班牙 托雷多

機是空中巴士 A380，大概 10:30 左右我們在 A4 登機門集合，現在讓我開始發護照跟登機證給你們。」

於是我開始唱名發護照，等到護照都發完之後，一位阿姨大聲的對我說：「領隊，我是張 OO，我還沒有拿到護照。」

我說：「阿姨！等一下喔，我找一下」然後我就冒冷汗的翻著我那裝護照的袋子。

過了幾秒，我想了一下，回過神來問阿姨：「阿姨，妳是要去哪一個國家旅行的？我的名單裡沒有姓張耶。」

阿姨說：「我要去奧地利的呀，你不是領隊嗎？」

我鬆了一口氣，客氣的跟阿姨說：「阿姨，我們這團要去西班牙的。」
阿姨聽到後很不好意思的跑掉了⋯⋯

在一星期後阿姨還到我的粉絲團留言，說當天在機場的就是她本人，超級可愛的。

我和你之間的故事，從旅行開始

🛩 史上最爆笑搭訕

出國旅行一定要看好自己的行李！

有一次帶團到丹麥首都哥本哈根的機場，我跟團員從桃園機場飛過來已經超過 24 個小時了，中途還在杜拜機場轉機，一心只想快一點拿到行李，帶團員入住哥本哈根的飯店洗個舒服的澡然後睡個好覺。

因為飛機上真的不是那麼好睡，身體真的滿疲憊的。眼睛都快閉上了。

蓋完了入境歐盟的海關章後，我帶著團員們來到行李轉盤等我們的行李，在這時候看到一位很漂亮又年輕的小姐正拉著行李準備要往出口處離開，我的眼睛突然就亮起來，睡蟲全飛走了，而且看起來她是自己一個人旅行，於是我鼓起勇氣的追了過去……

我問：「小姐，妳是臺灣人嗎？」（這是最好的旅行搭訕開頭用語。）

「不是，有什麼事嗎？」（她的臉色不是很好看，看來應

美麗的哥本哈根
是世界上最快樂的城市，
旅行的目的很簡單，
就是讓自己快樂的活著！

我和你之間的故事，從旅行開始

該也是搭了很久的飛機。）

我又問：「妳是一個人來丹麥旅行嗎？」

「先生，我是不是一個人來好像不關你的事，最討厭你們這些隨便搭訕的男生。」

她看起來好凶喔！但我沒有那麼容易打退堂鼓的，我繼續問她。

「小姐，想請問妳的行李是不是黑色有很多貼紙的？」

「我都說了別來搭訕我，我的行李是不是黑色有很多貼紙跟你沒關係吧？」

「小姐，妳的行李是不是黑色有沒有很多貼紙確實跟我沒關係？但是妳手上拿的好像是我的行李，上面有多貼了一張臺灣的國旗。」

女生看了看自己手上的行李然後羞紅了臉對我說：「不好意思！不好意思！我真的拿錯行李了，謝謝你跟我說，不然就麻煩了。」

就算我搭了 24 小時的飛機，我也不會忘記自己的行李長什麼樣子。還好我有看到自己的行李快被別人拿走。

西班牙 巴塞隆納奎爾公園

我和你之間的故事,從旅行開始

✈ 身價百萬旅行去

在國外買東西的好處就是外國人可以享有退稅的權利，但如果沒有依照規定流程完成退稅的動作，這權利還是會被取消的！

某一年的 6 月帶團去西班牙，我的身上帶了一條項鍊，而且它價值不菲，但這條鑽石項鍊並不是我的，就算是我的，也不會心驚膽顫的把它帶出國。那次的西班牙行，我身價百萬啊，卻是一直提心吊膽的，唯恐它不見了或被偷了。

為什麼我要帶這麼貴重的鑽石項鍊出國呢？事情要說到我的上一團，有一位團員姊姊，就是這條項鍊的主人，她在西班牙巴塞隆納買了這一條鑽石項鍊，店家結帳時就幫她退完稅了，但是交代她到了機場退稅單一定要再拿給海關蓋章，否則原本已經退完稅的十幾萬會被扣回。

那時這位姊姊到了機場，把那張退稅單交給海關人員，海關人員看完還給她並說檢查完成，於是姊姊就放心的把退稅單寄回去了！可是，後來她愈想愈覺得不對勁，於是在飛機上她跑來跟我說這件事情。回到臺灣後，我打電話給西班牙的店家，店家聯絡退稅公司，店家說退稅公司有收

到退稅單，但並沒有海關的蓋章，因此退稅的錢必須再扣回。姊姊聽到後很著急的問我該怎麼辦？

雖然我們已經回到臺灣，而且行程也已經結束，但畢竟姊姊是我的團員，於是我就跟她說，不然我帶著妳的護照還有項鍊，下一團到西班牙時我再去找店家看看有沒有其他辦法。

於是我就帶著這條昂貴的項鍊來到西班牙了！'

到了巴塞隆納時，我帶著鑽石項鍊跟姊姊的護照到那店家去詢問是否有辦法補救。幸運的是，店家非常的熱心，跟我說可以把原本沒蓋章的退稅單註銷，然後用我的護照再重新開一張新的退稅單，到機場時我再拿給海關蓋章即可。就這樣原本可能被扣回來的十幾萬，成功的獲救了！

這個故事告訴我們：

第一，在國外退稅時，要特別注意海關有沒有幫你蓋好章。第二，要對你的領隊好一點，即使旅行結束後，有什麼事情他才會願意幫你。

身價百萬去旅行，萬萬不想再經歷一次，大家都要注意退稅流程，順利的完成退稅。才會願意幫你。

身上戴著昂貴的鑽石項鍊在西班牙旅行，並不是我願意做的事，但也讓我當了 10 幾天的有錢人。

西班牙 格拉納達

最難受的不是你孤單一個人，
而是心裡還想著另外一個人。
在傷心的時刻出發去旅行，
努力尋找那位
曾經微笑的自己！

有時候，旅行沒有特定目的，
只是純粹想去流浪。
出發到一個陌生環境，
是為了與勇敢的自己相逢。

杜拜

一萬英尺
的高空

杜拜空拍圖（團員吳先生提供）

杜拜 MALL

✈ 免費的杜拜旅行

這是一段不在既定航程內的飛行，關係到一位乘客的生命與五百位乘客的行程。

結束了漫長的十五天北歐之旅，這段期間我們去了瑞典看瓦薩號戰艦，坐遊輪到芬蘭的赫爾辛基，飛到冰島去泡藍色溫泉，感受冰河湖的震撼，最重要的到了挪威呼吸森林芬多精與欣賞峽灣的壯麗，然後到了最後一站哥本哈根。

最後一天原訂由哥本哈根機場搭機飛往杜拜轉機然後回到可愛的臺灣，我們順利的搭上飛往杜拜的飛機，應該是 6 個半小時後就可以抵達杜拜機場。

但是大約 2 個小時後，機長廣播說如果是醫生的人請與空姐聯絡，機上乘客開始議論紛紛，陸續有幾位乘客就跟空姐表明自己是醫生。

又過了半個小時，機長又廣播說因為飛機上有乘客心臟病發，所以必須緊急送醫，經過與地面聯繫，可以降落的機場是雅典機場，那時我看了一下飛行圖，我們飛機當時是在土耳其安卡拉的上空，意思是說飛機不只沒有要往杜拜

冰島 傑古沙龍冰河湖

旅行的魅力來自於
未知的驚喜與挑戰

飛，還要折返，不只是身為領隊的我感到疑惑，機上其他
乘客也開始有一點小鼓譟，頻頻的質問空姐為什麼？

飛機就真的從安卡拉的上空掉頭飛往雅典，抵達雅典機場
後，我們這些乘客不能下飛機，因為主要目的是運送機上
的病患，於是我們在飛機上待了 1 個小時左右，然後再度
起飛往杜拜。這樣一來一往，原本由哥本哈根飛往杜拜的
飛行時間是 6 個半小時，結果變成了 11 個小時，在飛機上
我就知道當我們抵達杜拜時，一定趕不上飛往臺北的班機
了，機上的五百名旅客也跟我們一樣碰到同樣的狀況。

「我們準備要免費在杜拜住一晚了。」我在飛機上這樣跟
團員說，團員們其實都滿淡定的，應該也接受這個事實，
但多少還是會有到不安，還好他們有我這位領隊。

果然，當我們抵達杜拜機場時是凌晨四點半，往臺北的班
機早就飛走了。下飛機後，我去跟航空公司拿了全團隔天

晚上飛往臺北的登機證，還有今晚在杜拜的住宿卷，就帶著團員們坐接駁車往杜拜的飯店。

因此，我們就留在杜拜過夜了，所以團員們多賺了一天的杜拜旅行。除了航空公司提供免費的高級住宿跟餐食外，我們公司更貼心的在第一時間安排了杜拜的 City tour，我們去了杜拜最有名的帆船飯店、杜拜塔還有亞特蘭提斯飯店，而且是使用杜拜當地非常高級的巴士喔！也主動延長了 wifi 機效期，讓我的團員們知道他們參加的可是一流又貼心的旅行社。

在緊急狀況發生時，才看得出什麼是好的旅行社，反應快的領隊。

這次因為有乘客在飛機上突然心臟病發，機長決定在雅典機場緊急的降落，順利的讓病患就醫，但也因此造成班機延誤了 5 個小時。機上 500 名乘客的後續行程都受影響，其中也包括我們。但生命凌駕在一切之上。

希望那位乘客能夠早日康復，然後一輩子都記得有位機長為了救他，把飛機緊急降落在雅典機場 。

（我還記得 2014 年有一次由哥本哈根要回臺北也是多留一晚，真的太巧。）

真心佩服機長的果斷決定與勇氣，雖然我多當一天的領隊，但卻是旅行中一段美麗的意外！

韓國 首爾

我和你之間的故事，從旅行開始

✈ 色字頭上一把刀

天底下沒有白吃的午餐，也不會有天上掉下來的禮物。

某年帶著一大群年輕的夫妻在義大利浪漫度蜜月，旅行中一直處在甜蜜戀愛的氛圍中，讓孤單一人的我更加的渴望也能有個伴。當然這是不可能的，我是領隊，是來工作的。

回程是由羅馬機場搭機，這次是搭本國籍的航空公司，機場櫃臺人員一定是看我長的帥，所以把我的座位劃在中間走道經濟艙第一排的位置，等到團員們都上飛機之後，我也登機。

上機後看到我旁邊的位置是空的，心中不禁暗自竊喜，因為我已經算是非常晚才上飛機了。應該確定我的旁邊座位是沒人的。在班機幾乎是客滿狀態，我的旁邊竟然是空的，我也真是太幸運了。

但是，就在飛機起飛前，一位年輕女孩子匆忙的走到我旁邊座位坐下了，我的幸運雖然瞬間就咻的消失了，但是看她一直在跟飛機上的空姐聊天、打招呼，我心想她一定是這家航空公司的空姐休假出來玩的。

我的內心不禁從暗自竊喜變成心花怒放了——空姐坐在我旁邊耶！

想不到，想不到，想不到！

這位年輕女孩子還主動的對我說：「先生，你是一個人來玩嗎？」

「不是耶，我是旅行團領隊。」（空姐搭訕我耶，我真的有帥到這種程度嗎？）

「哇！當領隊很好喔，可以在世界各地到處玩！」

「其實都是工作啦，辛苦的那一面總是不為人知呀！請問妳是空姐嗎？」（我鼓起了勇氣問她。）

「你真厲害！是啊！我們休假出來玩的。」

天啊！天啊！天啊！我是中樂透了嗎？（當時樂到癡呆的我沒注意聽到她說「我們」。）

空姐坐我旁邊，還主動跟我搭訕，我心想她一定是想要我的 LINE 帳號。我們又聊了幾句之後，我的心情真的是愈來愈美麗。

直到她說：「先生，是這樣的，因為我男朋友坐在後面幾排的窗戶位置，不知道你可不可以跟他換位置？」

我還是戴上面具好了，
自以為長得帥被搭訕，
真的是丟臉又無處申冤啊！

義大利 威尼斯

「這樣喔！好啊，沒問題，我自己一個人而已，坐哪都沒
有關係！」（為了展現男人的風度，我也只能這樣回答。）

於是我就讓出了中間走道經濟艙第一排的位置，帶著自己
的背包換到窗戶邊的小位置。然後還帶著淡淡的哀傷與一
抹落寞。

自從那次經驗之後，不論是哪位陌生人坐我旁邊要跟我說
話，我都裝作沒聽到。

捷克 布拉格

義大利 威尼斯彩色島

我和你之間的故事，從旅行開始

✈ 大姊你坐錯飛機了

坐錯公車可以下一站下車，坐錯飛機可就麻煩了⋯⋯

曾經在飛機上碰過最誇張的事情就是有位大姊坐錯飛機。

事情是這樣的，我們從桃園機場搭乘阿聯酋航空飛往杜拜，然後再經杜拜轉機飛往威尼斯，在杜拜機場團員們從 A22 登機門都坐上了飛往威尼斯的飛機後，一位大哥用 LINE 打給我說有人坐在他的座位上，而且她的座位號碼跟大哥的都一樣是 44H。

我心裡想：應該是 DOUBLE SEAT（就是同一個位置賣給 2 個人），於是我趕緊上飛機處理這件事情。

到飛機上之後，我直奔到 44H 的座位，看到一位大姊坐在 44H 的座位上，而我的團員大哥站在座位旁，我問那位不認識的大姊：「不好意思，大姊妳的登機證可以讓我看一下嗎？」

我拿起大姊的登機證檢查，真的是 44H 的座位，然後又拿大哥的登機證，也是 44H，於是我準備拿著登機證跟空姐

說是「DOUBLE SEAT」時，我又瞄了一眼大姊的登機證，
Destination: Vienna 目的地是「維也納」！！！

我們這架飛機是要飛往 Venezia 威尼斯耶，這位大姊坐錯
班機了，於是我跟大姊說這架飛機是飛往威尼斯，她一臉
驚訝的說：「我要去維也納的，而且我們領隊說登機門是
A22 沒錯。」

我趕緊跟她說明：「剛剛登機門有改過，妳快點下飛機，
而且妳剛剛是怎麼進來的？」

她說：「剛剛登機口的小姐好像沒刷到我的登機證。」

我開玩笑跟大姊說：「不然妳就跟我們一起飛到威尼斯
吧！」

義大利 威尼斯

✈ 終於拿到阿聯酋航空的金卡

有一次在帶團出發前 2 天，收到一封電子郵件，內容是航空公司通知並恭喜我成為阿聯酋航空的金卡會員，我高興得快要飛到空中跳舞了。

首先，要成為一家航空公司的金卡會員代表必須搭乘這家航空公司的次數非常多，根據阿聯酋航空規定，需搭乘 50 次阿聯酋航空的航班或累積 5 萬哩的點數才能成為金卡會員。而且這 2 年來，我幾乎每個月都搭 4 次阿聯酋的航班，所以才有資格成為金卡會員的。這不就證明了時間在哪裡成就在哪裡！

金卡會員有什麼好處呢？除了在機場櫃臺可以優先 check in，優先登機外，也可以帶朋友免費進去奢華的貴賓室，還有以優惠哩程數升等空中巴士 A380 的商務艙。

最酷的事情就是成為金卡會員之後，每次登機都會有空姐特地送快速通關的轉機卡到我的座位邊，然後還會問我有沒有什麼需要服務，有一次是一位臺灣的空服員送來我的座位，我還開玩笑的跟她說：「沒什麼需要服務的，只是我能擁有妳的 Line 帳號嗎？」想不到她竟然幽默的回說：

葡萄牙 波多

旅行讓我的人生有不一樣的體驗，
搭乘商務艙起飛！

「那需要等到你成為白金卡。」

為了慶祝我成為金卡會員，而
且因為金卡能夠使用優惠點數
升等商務艙，於是在帶團飛往
西班牙時，我第一次使用點數
升等了商務艙，而且 skywards
的點數如不使用就會過期的！

於是我就展開了第一次的阿聯酋航空商務艙之旅。

阿聯酋空中巴士 A380 的商務艙位在樓上，所以登機後要
走樓梯上到 2 樓，迎面而來的是以琥珀色的大理石紋樣裝
潢，十足展現石油大國的金色氣派樣貌，空氣中飄散著多
金的氣味。

在空服員引領到座位後，先把背包放在私人的置物櫃後坐
下，而座位腳下空間大到我的短腿都快搆不到前方底板，
不知道是我太矮還是座位太大，而且這次我還幸運的坐在
靠窗座位，置物空間又大許多。配備部分有私人的 mini
bar，已經先擺好各種軟性飲料；私人的儲物空間，不需要
跟別人共用；最重要的是擁有可以直接平躺的座位，用完
餐之後空姐還會來幫忙鋪床。

飲食上，除了個人小吧檯外還有迎賓飲料，點心例如現打
果汁或香檳，正餐可以自行選前菜，主餐跟甜點喔！講完
了，待會我先去空中酒吧喝一杯！

愈晚愈精采

帶著你跟自己到美好的地方旅行，
在那裡遇見真實又自在的我們，
然後努力讓一切變的更好！
才是讓生命更有意義的我和你。

葡萄牙 路易一世大橋

捷克 克倫諾夫

捷克 布拉格

✈ 領隊換了整晚的房間

飯店扮演了旅行成敗非常關鍵的角色。旅行團入住新穎且高級的飯店，領隊可以安心的高枕無憂到天亮。如果相反，那就有得忙了……

去義大利旅行要先有的概念是，北部的北義包括米蘭跟威尼斯，米蘭城外的飯店很多是又新又大，但是地點不太好，因為城外就是郊外，選擇住在城內，地點好當然價格就高一些囉。如果是住在威尼斯，付出的房價要更高才有比較像樣的房間，而且所有的飯店都是有著幾百年的歷史！

至於南義則是包括了羅馬及拿坡里，羅馬城內的飯店大都是 19 世紀的建築去改建的，品質稍為好一點的價格也都偏高。那拿坡里呢？就是我要講的主題了，拿坡里可以說是一座華麗的頹廢城市，交通跟建築可說是混亂中些微看得出秩序，交通號誌在馬路上只是參考用，沒遇到塞車就算是賺到，沒聽到此起彼落的喇叭聲就是半夜，而飯店呢？華麗的外觀，會不巧碰上頹廢的內裝。

那天晚上我的團入住拿坡里港邊的飯店，這是一間五星級的飯店，外觀是一棟很漂亮的新古典主義風格的建築，只

是房間內的家具擺設稍微老舊，但還不致於太誇張啦！而且飯店的位置是非常棒的，走出來即是拿坡里灣，晚上散步就能欣賞到拿坡里的百萬夜景。

由於當晚這間五星級飯店客滿，所以公司安排我住在另外一間四星級飯店，兩間飯店距離約莫 100 公尺左右。

以下，是我想快轉的 6 小時：

18:00　安排團員進房後，我就先待在飯店的大廳，沒有立刻去自己的飯店 check in，因為這時團員的房間若有問題，我可以立刻處理。果然……

18:10　房號 220 的團員用 Line 跟我反映沒熱水可洗澡，於是我請櫃臺人員派人去查看狀況，待修理好之後……

18:20　房號 331 的客人反應說房間小到行李打不開。我上去看了一下，房內確實是沒有打開大行李的空間，於是我跟櫃臺反映，但他們說完全沒房間可換了，因為連我都是住在別的飯店，所以我相信這飯店是真的客滿，飯店人員說只能補償香檳、水果盤。就在香檳、水果、團員僵持不下時，我想到今晚我住的另一間飯店，雖然是四星級飯店，說不定房間可能大一點……

18:25　我拖著自己的行李奔跑去 check in 公司幫我另外預訂的飯店，幸好房內空間比房號 331 稍大，雖然這間飯店設備陽春，但說不定團員可以接受……

丹麥 哥本哈根

18:33　我再跑回五星級飯店，跟房號 331 的團員說這飯店客滿，如果要住稍微大一點的房間，要不要換住我的房間，但是是四星級而已。

18:43　帶他看完四星飯店房間後，他皺著眉頭又解開眉，放棄香檳、水果，選擇了我的房間，房間太小的這道題算是解決了。

18:50　於是我們再度回五星級飯店，跟他一起把行李拉到我的房間放好。我再拉著自己的行李回到五星級飯店的

331 號房放置。

19:00　是跟團員們約好在飯店用晚餐的時間。大家完全不知道這 1 小時我一直東奔西跑的，100 公尺跑了六趟吧，不過至少可以坐下來了。

吃飯時，已經入住四星級飯店的團員在聊天時提到 331 號房太小，所以跟我換房間。這時候，房號 332 的客人也跳出來說他們的房間其實也很小，還好 332 的客人說房間小沒差，住一晚而已，我鬆了一口氣……於是我請飯店經理稍晚送水果盤跟香檳到房號 332。

在晚飯過後……

20:30　帶團員去拿坡里市區吃冰淇淋夜遊，遇上夜拍婚紗照的一對新人，七彩燈光打在歐式建築上，深情款款的一張張照片，大家也跟著攝影師取景拍照，拿坡里的夜甚是浪漫……

21:30　走回到飯店，在大廳解散跟大家互道晚安，我習慣在大廳待上一回兒，原因你們知道的，但是這次待了約莫半小時，手機沒傳來半點聲響，於是，收工！

22:00　我回到換來的 331 號房休息……

22:15　房號 332 的團員說冷氣太大聲，於是我請飯店人員去修理，無奈一直修不好……

23:00 冷氣聲音絲毫不減，夜深了更顯得大聲，我只好跟332 號房的團員換房間。

23:15 我換到了 332 號房，我終於可以洗澡睡覺了……

23:30 房內電話響了，電話那頭傳來虛弱的聲音，房號 220 的團員說因為冷氣太大聲，已經將冷氣關掉兩小時，但房間內溫度異常冰冷，身體很不舒服，我請櫃臺人員派人去查看，櫃臺回覆說現在無法開暖氣。

於是，我又換到房號 220。

這一晚，我總共換了四次房間……

我一輩子都不會忘記在拿坡里如此精采的一夜！

義大利

義大利 羅馬

我和你之間的故事，從旅行開始

✈ 我情願睡在飯店大廳

某個月黑風高的夜晚，空氣中迷漫著濃厚的霧氣，強風陣陣掠過臉龐，似乎很快就會聽到狼嚎聲，在這種詭異的氣氛下，我穿梭在古羅馬的百年巷弄中，帶著團員快步走回飯店⋯⋯

回到飯店用晚餐時，一位團員跑來跟我說：「領隊！我有點小事情想跟你商量。」

「好啊，請說！」

「我們今晚可不可以換房間呢？」
（這天是我們在同一家飯店住的第 2 個晚上。）

我跟團員說：「應該可以，我去問一下櫃臺人員。只是房間有什麼問題嗎？我才知道怎麼跟飯店反映。」

「就⋯就⋯⋯昨晚我老婆說房間太吵很難入睡⋯⋯」（感覺他講話有一點支支吾吾的。）

「這樣子喔，等一下吃完晚餐我就去問櫃臺能不能換房間。

義大利 羅馬

義大利 羅馬

你們的房號是幾號？」

「謝謝領隊，我們的房號是 744。」（很好記又有點好笑
的數字。）

晚餐後，我就去櫃臺詢問有沒有房間可換？但櫃臺表示飯
店客滿已經沒有房間了。

我立刻跑去跟那位團員說：「飯店已經沒有其他房間，或
者你們不介意的話要不要跟我換呢？」

想不到團員立刻說：「好啊，只要不是那間 744 房就好。」
於是我跟團員開始換房間，他們把東西從 744 房整理好，
拉了大行李下來 2 樓我的房間，然後當我整理好行李要離
開時，他們笑著跟我說：「領隊，祝你今晚睡的愉快！」

雖然我覺得那笑容有點詭異，也有種摸不著頭緒的奇怪，
但我還是拉著行李往電梯走，碰巧在電梯裡碰到從大廳坐

電梯上來的其他團員。

他們問我拿行李要去哪？我說我要去 7 樓，因為跟住 744 房的團員換房間。這個時候電梯裡突然安靜下來，然後有人打破沉默。

「是喔！吃飯時有聽他們說昨晚大概 11 點，廁所裡的水龍頭莫名其妙自己打開。」又有人說：「對啊，好像在 12 點的時候，燈又突然亮了。」還有人說：「他們整晚一直聽到牆壁裡傳出在整理行李的聲音，所以他們幾乎都沒什麼睡。」電梯裡瞬間又安靜了幾秒，團員們都看著我⋯⋯

我故作鎮定的回答：「是喔！還好我有十字架，而且我又沒做壞事，怕什麼！」

就在他們到了各自樓層離開電梯後，電梯上到了 7 樓，電梯門一打開，我立馬拚命、拚命的按關門鍵，然後立刻按 0，要到櫃臺，拜託一定要讓我換房間。我死也不想住 744 號房。

隔天早上，團員看到我說：「領隊，你今天的黑眼圈好明顯喔！」

無奈，整晚我都待在大廳沒有睡，當然有黑眼圈啊！嗚嗚！

雖然我自認沒做過虧心事，但就算我的膽子再大，聽到團員描述房間裡的各種奇怪狀況，心裡就是會覺得毛毛的！

芬蘭 極光屋

如果團員沒有去參觀別人的房間，
今晚應該是可以非常愉快的享受高級的房間。
世上沒有真正的公平，
就看自己能不能平衡。

✈ 千萬不要參觀其他團員的房間

有時候，旅行的不快樂是比較而來的。

巴塞隆納是西班牙最大的國際城市，瀕臨著地中海的美麗
港灣，氣候溫和宜人，城市裡到處可見十九世紀建築天才
高第的奇特建築作品，加上畢卡索、達利等藝術家的光環，
每年吸引數以百萬計的觀光客造訪。

來到這座深具吸引力的城市，至少要安排 2 晚以上的住宿，
因為有太多景點值得參觀。

如果你參加的旅遊行程在巴塞隆納沒有安排 2 晚以上住宿，
就不用列入考慮了。這次我們的行程在巴塞隆納入住 3 晚，
而且是住在精品街林立的格拉西亞大道上的奢華飯店。

下午抵達巴塞隆納機場後，前往市區的路上，我詳細介紹
巴塞隆納的文化特色，團員們邊聽邊欣賞著地中海的美麗
景緻。

在入住今晚的高級飯店前，我們先到當地有名的海邊餐廳
吃新鮮龍蝦，每個人都很開心也很期待，因為等一下就要

入住高級的文 X 東 X 飯店，氣氛非常的融洽！

進到金碧輝煌的飯店大廳後，大家的眼睛都亮起來了，興奮的等著我發房卡。

在我宣布完飯店的注意事項後把房卡交給他們，並且說我會在大廳等 20 分鐘，房間有問題要立刻跟我反應。等待了 20 分鐘都沒人反應，我就帶著輕鬆的心情往我的房間去了。

想不到，才開房門，手機就傳來訊息的聲音，是某位阿姨跟我說房間有點小，想要換房間，我跟阿姨說稍等我一下我去問櫃臺。

剛回完訊息，又一對大哥大姊夫妻也抱怨房間太小想換房間；接著又是另一對夫妻來跟我說房間太小要換房間。

因為太多人反映，於是我直接在群組裡說：「如果各位貴賓認為自己的房間太小的，我們直接在櫃臺集合，我來跟櫃臺人員一同反應。」我心裡覺得很奇怪，剛剛進房前的 20 分鐘，大家都沒反應房間太小，怎麼 20 分鐘後，紛紛有人開始抱怨自己的房間太小？而且房間其實沒有很小。

大約 10 分鐘後，認為自己房間太小的團員都到櫃臺集合，我跟櫃臺反映團員們認為房間太小，櫃臺跟我說這些都是標準房，房間尺寸都一樣，團員突然跟我說：「哪有，那個 308 號房的房間有很大的陽臺，而且空間也比較大，他

西班牙 巴塞隆納巴特婁之家

挪威 峽灣飯店

們很開心的邀請我們進去參觀。」

原來是飯店標準房的房型賣光了，所以升等了一間房，check in 時櫃臺沒有跟我說 308 號房是升等房，否則我就開放讓大家抽籤會比較公平。

今晚，有些團員的心裡不是很開心，因為認為自己住的房間太小。其實標準房的房間不會小，空間絕對都足夠放 2 個打開的 29 吋行李。只是因為看到別人的房間大，才覺得自己的房間小。

比較，能讓你開心，也能讓你失去原有的好心情。

西班牙 多哥華

我和你之間的故事，從旅行開始

✈ 房間有別人的行李

團員上去房間後，急忙的打電話跟我說：「小龍，你給我們的房間裡面有別人的行李，怎麼會這樣？」

有一次在西班牙南部的哥多華住宿，發完房卡後，我一樣習慣在大廳倒數 20 分鐘才會上去自己的房間，約莫 3 分鐘後，一位大哥打電話來緊張的說：「小龍，我們的房間裡面有其他人的行李，看起來就是有人住的房間，怎麼會這樣？」

「真的很抱歉，大哥你們先在房間稍等我一下，我馬上上樓去。」於是我立即向櫃臺反映，怎麼會給我們有人住的房間呢？並要求飯店立刻給我們一間新的空房。

拿到新的房卡後，我立刻到團員的房間，裡面真的有 2 個大的行李，還有衣服掛在櫥櫃裡，很明顯這間房是有人住的。

於是我拿了新的房卡給他們，並且收回這房間的房卡，我看了一下收回的房卡，房號是 219，然後往房門一看，房號寫「214」！！！

我跟大哥說：「大哥，奇怪！你們房卡上的房號是 219，但這間是 214 耶。不過你們怎麼開門的？」

大哥的老婆搶著說：「什麼？我們的房號不是 214 嗎？最後面這碼的數字是 9 不是 4 ？剛剛我們來的時候，這房門鎖沒卡緊，我們一推就進來了呀！」

我馬上他們夫妻說：「現在，我們最好趕快離開，這是別人的房間啊！」

外國人手寫的阿拉伯數字跟我們寫的真的不太一樣，坦白說有時候連我都會看錯，以後發房卡給團員時，我應該唱名房號 3 次讓團員清楚知道自己的房號。

這次經驗算是一個奇特的誤會，還好房間的主人還沒有回來，否則我們就慘了！

旅行回來後，印象最深刻的往往不是安排好的景點，而是這些無法預測、始料未及的趣事。

打開飯店房間，
如果看到別人的衣物，
你會不會很傻眼？

奧地利 維也納

想要有好人緣，我們就該努力
做一個幽默風趣的人，
自己開心，別人也會跟著快樂。

我和你之間的故事，從旅行開始

✈ 沒熱水可以洗澡的飯店

十月底的克羅埃西亞已進入秋末時節，晚上的氣溫只有約莫10度的低溫，陣陣的冷風吹來甚至會感到刺骨，在外面奔波一整天之後進房間洗個熱水澡，必定是最棒的享受了！

在亞德里亞海邊的古城斯普利特吃完餐後，我們坐上巴士前往飯店，今晚入住在濱海度假飯店，我來過這間飯店幾次，因此我在車上跟團員說：「這間飯店的前面有很漂亮的沙灘，每間客房都有陽臺可欣賞海景，而且是全新蓋好未滿一年的高級度假飯店，今晚各位一定能度過一個舒服的夜晚。」（每次只要拿麥克風講這種話都會出事……）

記得是晚上9點半，我們抵達了飯店，團員看到新穎的濱海飯店難掩興奮的表情，我快速的辦完入住手續後，把房卡一一交給團員，他們就迫不急待的進房間去。

在晚上10點左右，有團員跟我說沒熱水可洗澡，我問該名團員剛進房時有沒有檢查熱水，他說進房時打開水龍頭是有熱水的，這時候我也到我的浴室檢查看看是否有熱水？想不到連我的熱水水龍頭流出來的水也是冷的，於是我撥

電話給櫃臺人員，櫃臺人員說可能是鍋爐的熱水已經用完了，再十分鐘之後鍋爐會自動再燒出熱水，請我耐心等一下。

於是我一間房一間房詢問團員是否洗澡了？並告知如果還沒有洗澡請耐心稍等 10 分鐘。

這一團總共有 30 個人，包含我總共有 16 個房間，等待熱水洗澡的還有 11 個房間，總共 21 個人還沒有熱水洗澡，十分鐘過去，我又跑到浴室查看，但不幸的是熱水還是沒來，這時候，團員們紛紛來電詢問為什麼還是沒有熱水？這次，我就直接衝到樓下櫃臺去反映熱水的問題了。
我跟櫃臺人員說：「現在已經晚上 10 點半了，還是沒有熱水可以洗澡，我的團員有 20 個人還在等熱水來。」櫃臺人員表示煮熱水的鍋爐好像故障了，他們正在修理中，很抱歉的要我再稍等一下，修理好了會立刻通知我。

碰到這種事情，我也沒辦法，只好先回到房間裡用電話一一的通知團員目前的狀況，有些團員很無奈的說不想等了，隔天醒來再洗澡好了，有些團員則表示要用毛巾擦身體就好，但也有團員說願意等下去。

等到晚上 11 點半，原本要等熱水的團員傳訊息跟我說不想再等了，我還是再一次的到櫃臺詢問鍋爐修理的狀況，櫃臺人員跟我說大約晚上 12 點就會有熱水。

我跟櫃臺說我的團員不用等到 12 點都已經就寢了，我必須

克羅埃西亞 亞德里亞海古城

跟公司回報這狀況。我們公司會聯絡你們,因為團員們並不會原諒我們提供的住宿是沒有熱水可洗澡的。

隔天早上在遊覽車上,我不斷的向團員道歉,並表示已經向公司反應,除了買小禮物向團員致歉外,公司有任何補償辦法會立刻通知他們。

這一趟旅程結束之後,團員不會記得住過非常高級的飯店,但會永遠記得有一個晚上飯店沒有熱水可以洗澡。

那天面對亞德里亞海的美麗夜景,我沒一絲一毫的浪漫懷想,只想著要到哪裡生出熱水可團員洗澡。

冰島 史可加瀑布

該感謝那些不喜歡你的人，
你才有機會更喜歡自己！
那些批評你的壞話，
只不過想讓你變得討厭自己。
不必在意壞人的話，
因為他們不是好人。
努力成為自己喜歡的模樣，
路才走得更寬更遠。

我和你之間的故事，從旅行開始

西班牙

旅行帶著我們前往未來的美景，
也看見過去的美好。

通往美好風景的道路崎嶇難行，
難免要跌跌撞撞的才能到達。
人生就是不斷的在跌倒中學會起身，
才看到最美的風景。

克羅埃西亞 十六湖

旅途的勇士

克羅埃西亞 札達爾

每一個人都有自己的生活方式，
最重要的並不是賺很多錢，
而是你過得快不快樂！

我和你之間的故事，從旅行開始

✈ 旅途的勇士

身體的不完美成就了內心的完美，在哪裡跌倒的，就在哪裡爬起來！我看著大哥用缺陷的腳勇敢的走在夢想的路上。

在飛往克羅埃西亞的前幾天，一位團員大哥打電話給我，原本以為他是要詢問前往克羅埃西亞的注意事項及行李如何準備，想不到他第一句話就跟我說：「領隊，你好！我是克羅埃西亞的團員，我本身是位小兒麻痺患者，左腳從小就先天性肌肉萎縮，所以我會帶柺杖出門，但你別擔心，我只是走路稍微慢一點，而且不需要坐輪椅，也不用特別關照我，我自己可以照顧自己。」

坦白說，身為領隊的我聽到這樣的情況確實有點憂慮，還是會擔心他的狀況會影響團體的行程進度。而且我們要去的克羅埃西亞景點像十六湖國家公園裡只有木頭棧道，沒有其他交通工具可搭，只能靠自己的雙腳一步步的走，一般身體狀況的人要走完全程都算辛苦，何況是行動不便的大哥。另外，像杜布羅尼克的城牆也都是需要用走的。

電話裡我把這些可能的狀況都告訴大哥，他只跟我保證：

「沒問題，我可以走完。」不過我還是有點半信半疑。

出發當天在機場時，遠遠的就看到了這位大哥朝著拿旗子的我走過來，他雖然走路一拐一拐慢慢的，但他看到我時感覺他很努力的要加快速度，而他跟我見到面時，他用一種很熱情的笑容跟我打招呼，並且伸出雙手握住我的手，到現在我還記得他那雙手的溫度，跟滿是繭的手掌。

他向我報到完之後，也跟其他團員開心的打招呼聊天打屁，感覺得到大哥是一位很樂天而且好相處的人。他還跟我說他之前參加過很多旅行團，要我不用特別擔心他。

在旅程開始後，幾天下來的相處，大哥確實是一位個性勇敢、樂觀而且開朗的人，常常可以聽到他的笑聲，也常常聽到團員被他逗得哈哈大笑。除了他走路慢一點永遠在隊伍最後面之外，其實比起其他的團員他更能沉浸在旅行的愉快與自在。

當我們的行程來到了十六湖國家公園時，我向團員們解釋，一旦進入公園就是要走 2 小時才會有辦法出來，而且在公園內部分木頭步道因下雨而腐壞了，有時候鞋子甚至必須踏在水裡的木頭步道上。對於行動不方便的人來說是一大挑戰，在平面的木棧道行走，他的腳程就比較慢了，何況是公園內這種上上下下的木棧步道。

不過大哥聽完我的解釋後說：「既然來了當然要走進去。」於是我們就一起走進去公園，果然大哥總是落後在隊伍的

最後面，我頻頻回頭看他有沒有跟上，因為大哥每走 5 分鐘就需要休息，他是用右手撐住枴杖托著沒辦法走路的左腳前進的，看著他辛苦的拄著枴杖走路，額頭常是滿頭大汗，但他還是努力的走，擔心會拖慢團體的速度。

沿途中，我說要扶他走，他說不用；後來我說要背他，他說他自己可以。

到最後，我看他步履蹣跚一步步的往前進，速度也愈來愈慢，索性我走到後面陪著他，快走到終點時我知道他的體力已快耗盡，臉上滿是痛苦，抵達終點時，全體團員都替他鼓掌開心叫好，而且為他的精神感佩不已！

大哥說：「我的腳不方便，但我的心沒有，我要繼續旅行，用我的雙腳走遍全世界。」

他的腳雖然不完美，但心卻是美的，他是最勇敢的旅人。

每次遇到困難，我都會想起大哥拚命努力走向前的表情，想著他樂觀開朗的笑容，想著他的笑聲、他的勇氣。

我告訴自己，內心的強大可以戰勝一切！

旅行，不僅讓我們看見美景，也看見美好的故事，美麗的希望。

想放棄事情的很多，但我們卻從未想過放棄旅行。

因為在旅行的路上，有我們一起走過的故事。

我和你之間的故事，從旅行開始

✈ 九十愛旅行

生命的意義在於自己如何看待，旅遊也一樣！

常聽團裡的長輩說：「趁著年紀沒有很老，還可以走動，趕緊出來旅行。」

其實，年紀老的定義是什麼呢？心態老了才是真的老。

只要你有個喜歡旅行的心，就是擁有一顆年輕的心。

帶團邁入第八個年頭，從以往不會跟長輩相處到習慣跟長

西班牙廣場

西班牙 格拉納達

輩相處，再到喜歡跟長輩相處，這段過程包含了學習、適應以及成長。

因為大部分的團員都是退休的長輩族群，而我必須長時間跟他們相處，久而久之我漸漸打從心底喜歡跟他們出遊。

我知道，長輩們需要的是多一些的愛與關懷、噓寒問暖。

跟他們相處時，我看到了自己未來可能的樣子與生活的態度。於是我投入真正的情感與他們相處，一日三餐像家人一般。

有一次帶團到西班牙，團裡面有一位超級資深團員，她的年紀很大，近乎九十歲的高齡。

坦白說，連我自己都沒把握能夠活到這樣的年紀，而婆婆卻還有辦法出來旅行，這不只讓我訝異，連同團的其他團員也都覺得不可思議。婆婆是跟兒子還有孫女一起來的，三代同堂一起出遊，是最幸福溫馨不過的事了。

之前帶團都沒有遇過年紀如此大的團員，在機場集合時經常被提問的是：「領隊，我是不是這團裡年紀最大的？」其實心裡是在害怕自己是年紀最大的那位。

而這次我們團裡五、六十歲的大哥大姊們都沒問我了，因為他們看到九十歲婆婆一同出遊，反而覺得自己很年輕，再也不會說自己老。

這位婆婆雖然高齡九十，但是腳程很好，走路很快，體力是完全可以跟得上旅行團的節奏，更驚人的是她跟著我們爬上西班牙南部塞維亞的希拉達塔，這座塔的高度是 98 公尺，沒有電梯，必須靠著雙腳往上爬，婆婆爬到最頂端最高點時臉不紅氣不喘的，連我都氣喘吁吁的問婆婆：「您實在太厲害了！到底是怎麼保養身體的？」

婆婆說：「也沒有特別保養，時常保持快樂的心，喜歡運動散步，最愛旅行，希望可以旅行到 100 歲！」

說的真好，希望可以健健康康的旅行到 100 歲！

那個紅包袋一直收在我的心裡，
也是在旅行的路上她曾給我的美麗風景。

✈ 獨自旅行的 80 歲婆婆

婆婆她參加的是阿爾巴尼亞、馬其頓、希臘 3 國之旅，拉車的時間算是滿長的，但在車上的時間我看她都沒睡覺也沒打瞌睡，她常開玩笑的跟我說：「以後睡的機會多的是！」

因為年紀的關係，格外引起團員的好奇心，遇到她的第一個問題都是：「婆婆，妳怎麼自己一個人來參加歐洲的旅行團？妳的老伴呢？妳的兒女呢？怎麼沒陪妳一塊來？」

婆婆也總是不厭其煩的用臺語解釋說：「嘸啦！少年郎嘸閒啦！」

其實那時我除了是這團的領隊也剛好是這位婆婆的旅遊業務，在出發前我有去她家收證件，順便看看她的身體狀況，想不到她不只聲音宏量，連聽力也很好，還跟我說她剛從美國旅行回來。所以我才放心的讓她獨自一人報名旅行團。

團員聽到她的年紀還自己出遊都非常佩服她的勇氣跟毅力，也擔心我這個領隊可能會很辛苦，但她完全沒有麻煩到我。她的頭腦相當清楚，商家找錯錢，她立刻就發現了！

婆婆，我們一起旅行到世界的盡頭！

她雖然年紀很大，但走起路來健步如飛，常常不小心就超越我，拉著20幾公斤的大行李竟毫不費力，而且她很調皮，還拿起地上很大的冰塊，作勢要丟向我。

一位 80 歲的婆婆，內心像是 20 歲的女孩。在她身上，我看見熱愛旅行的人，是沒有年紀的之分的。她常常掛在嘴邊的一句話：「我習慣自己出來玩，自由自在的，趁著身體還可以，還沒躺下，還能走動時，就愛迫迌，看看外面的世界。」

旅行中，我三不五時逗她說：「阿嬤，妳比風景卡水。」

逗得她心花怒放。有時候還模仿她沒戴假牙吃東西的模樣給她看。我想我這個領隊對她來說，最大的功用大概也只有逗她笑吧！

最後一天要去機場的路上，上車前婆婆叫住我，她從的皮包裡拿出一個塑膠袋，裡頭裝著一個舊舊的紅包袋。

她說：「少年耶！阿嬤厚哩尢包，嘸啥幾啦！」（年輕人，阿嬤給你紅包，沒多少錢啦！）

日本 豆田町

不必在意年紀有多少，健康旅行才是好。
不必在意旅伴哪裡找，自在旅行最逍遙。
活到老，玩到老，人生才不會有遺憾！

旅行時光雖然短暫，
快樂的回憶
卻可以留在心裡很久遠。

✈ 爆笑的樹枝阿姨

阿姨說：「我們活著，如果沒有笑容，還不如 7 天後再回來。」（頭 7 的意思）

她還說，錢雖然不能買到快樂，但可以拿來旅行，旅行可以讓她很快樂。

參加旅行團也是認識朋友的一種方法，團員大都來自各行各業，經過長時間的一起旅行，彼此熟悉之後，友誼就這樣建立了，重要的是大家都有一個共同興趣的旅行。如果你是旅行團裡的開心果，在旅行結束之後，團員最念念不忘的可能就是你。

曾經有一位阿姨參加北歐團，她的名字叫劉樹枝，聽到這有趣的名字會讓人忍不住噴飯。這位阿姨不只名字可愛，連本人也很可愛，性子幽默風趣，講話非常好笑，而且她笑起來的時候沒有門牙，再加上圓滾滾的身材，是團裡面的笑果製造機。

（對不起！我想到她就覺得好笑，我先去大笑再回來繼續寫。）

捷克 克倫諾夫

有一次我們要在冰島的郎格冰川上騎雪上摩托車,阿姨說
不會騎摩托車,所以她讓我載,但是騎到一半雪上摩托車
突然拋錨了,應該是說地上積雪把摩托車的鏈條卡死了(其
實我懷疑是重量問題,呵。),眼看著其他團員的摩托車
一輛輛呼嘯而過,只有我跟她停在原地,於是阿姨對我說:
「小龍啊!現在摩托車壞了,你先牽去摩托車行修理一下,
我在這裡等你,不要讓我等太久喔!」

阿姨你別開玩笑了,雪上摩托車很重是牽不動的,還好管
理人員看我們兩個待在雪地動彈不得,於是前來救援。

阿姨雖然不會講英文,可是她的肢體語言可厲害的,她進
到超市裡面要買牛奶喝,因為不會講 milk,於是她把雙手
的食指放到頭頂上,對著店員發出「哞哞哞」的聲音,再
把手指向自己的胸部,然後店員一頭霧水的問我:「她到
底想說什麼?」

還有一次，她到飯店吧檯要裝熱開水，她把保溫瓶拿給服務人員，服務人員不知道要裝什麼，阿姨那天剛好是穿紅色的衣服，於是她就比自己身上的衣服。服務人員還以為她是要裝紅酒呢。

更好笑的是，某天她的厚外套放在車底下的大行李箱裡，因為天氣突然變冷，她要請司機開行李箱的車門讓她拿外套，於是她兩手交叉抱著胸，雙腳微蹲，頭跟身體不停抖動，於是司機就把她抱在懷裡了。

哈！

樹枝姨，我只要想到妳，我就會開懷的笑。這麼多年了，這些趣事還是一樣讓人回味無窮。

羅馬尼亞 蒂米什瓦拉

我和你之間的故事，從旅行開始

永垂不朽的是館長與博物館存在的精神。

✈ 館長，請原諒我

自由的可貴唯有失去過的人才能體會。

我們享有的幸福和平，源自以前那個動亂不安的年代，以及前人付出的血與淚。

羅馬尼亞的西部大城蒂米什瓦拉有一間革命博物館，是為了紀念 1989 年時期羅馬尼亞人民成功推翻了獨裁者西奧塞古的統治而設立的。然而革命運動能夠成功，是因為蒂米什瓦拉的人民率先走上街頭，揭開了反暴政運動的序幕，才有今日民主的羅馬尼亞。

這間博物館的館長就是曾經參與反獨裁者西奧塞古的民主運動成員之一，在那個沒有言論、經濟及人權的年代，自由是非常可貴的。人民被欺壓愈久，渴望解脫的欲望會愈強烈。

館長現在已經高齡 78 歲，依然守護著這間具有特殊意義的博物館，如同他仍舊捍衛著羅馬尼亞人民的民主自由。

在車上我跟團員說著館長的英勇事跡，也說到他的年紀很

大了，上次來訪館長跟我說他的身體不是很好，這次不知道能不能見到他本人。

到了博物館後，心情有些忐忑，因為前幾次來這博物館都是館長親自在門口迎接我們，但這次前來大門迎賓的卻是另外一位先生，這跟之前不一樣……
於是我問那位先生：「Where is curator？」

先生回答：「He is (in) passage way。」（in的聲音說得很小）
我聽完後有些落寞並感到難過，並且用導覽器跟團員們說：「很不幸的，館長過逝了！」

然後，這位先生帶我們進到博物館的「通道迴廊」，在迴廊間隱約看到熟悉的身影忙碌著，原來館長在整理館內展示的文物，而他一看到我就非常熱情的來跟我握手打招呼。在那時候，我真的很想挖個洞把自己埋起來！

館長，我真的不是故意詛咒您的，請原諒我！

「Pass away」（仙逝）跟「Passage way」（走道）這2個單字我罰寫一千遍。

館長及革命先烈的英勇行為，造就了今日羅馬尼亞的幸福生活。

歷史要教我們的是飲水思源，懷著感恩過去的心，勇敢往前進！

日本 太宰府

旅行中最大的幸福，
就是有一位不斷的說你已經拍很多照片了，
卻還是繼續在旅行的路上幫你拍照的伴。

意外發生的時間非常短暫，
受影響的心情別停留太久。
旅遊的心情隨時可以撿回來，
而且意外，往往是旅行最難忘的回憶。

土耳其 卡帕多奇亞

緊張刺激
的旅行

不論在哪裡，或在什麼年紀，
你都應該很喜歡自己現在的樣子，
活著就該好好對待自己，
就算無法生活得多彩多姿，
至少踏上旅行之路，
愛著擁有美好風景的自己。

✈ 掉了旅遊的心情

旅行是件很幸福的事，但有時候因為旅途中的意外狀況，導致美好的事物蒙上了陰影，某些歐洲城市的治安確實不佳，自身財物放哪都不安全，唯有提高警覺，才能防範於未然，避免愉快的出遊被掃興。

幾年前我帶一個團去義大利，那團的運氣真的不佳，在這章節裡的前面 2 篇故事都是在這一團發生，對我或者是團員，在這次所經歷的意外狀況，都會是我們很難忘記的特殊經驗。

我們抵達羅馬的機場後，坐上旅遊巴士前往羅馬最有名的競技場，下車前我提醒團員們所有的貴重物品都必須隨身攜帶，千萬不要放在車上。

大概半小時後，巴士司機打電話給我，他說他只是把車停在停車場 10 分鐘，上個廁所回來，就發現他的 GPS 不見了，應該是小偷在這 10 分鐘裡撬開車門闖進巴士裡，他要我們確認是否有丟掉其他的物品。

結束羅馬競技場的導覽，團員看我的臉色不太好，紛紛問

我發生什麼事？

我說：「慘了！我們的巴士遭小偷了！你們有沒有什麼東西放在車上，等下我們上巴士後要仔細檢查。」坦白說，我自己的後背包及 2 臺 WIFI 機、導覽器都放在巴士上，其實我內心也很著急。

團員們聽到我這樣說，開始議論紛紛，七嘴八舌的說還有一些東西放在車上，不知道有沒有被偷走，愈討論愈激烈，空氣瀰漫著濃濃的焦慮及不安的氣息。

巴士來接我們之後，團員們著急的跑上巴士，我也趕緊上去我的座位查看，一眼就看到我自己的後背包不見了（小偷果然很識貨，背包加裡面的物品價值超過臺幣 6 萬）然後陸續聽到團員說外套不見了、相機不見了、背包不見了、心臟病的藥不見了……掉東西的唉聲嘆氣此起彼落。

雖然我自己的後背包也不見了，我還是保持鎮定的拿起麥克風說：「各位貴賓，發生這種事情，我很抱歉也很遺憾，現在我們的東西在巴士上被偷了，但仍請各位保持冷靜，最重要的是把事情解決，而且我也相信我們的司機不會串通小偷來巴士上偷東西，何況他連車上的 GPS 也被偷了。等一下我會給你們每個人一張紙，有丟東西的人可寫下姓名及被竊物品，以便到時候報案用，而我們公司的保險可以賠償各位團員部份的損失，請據實以報。」

全團共有 27 位貴賓，發下去的紙張裡有 14 張寫了遺失物

義大利 羅馬競技場

品，代表有 14 位團員在車上掉了東西，慶幸的是沒有團員掉了護照或貴重的金錢，大部分的人都是掉外套，或者是不值錢的袋子（聽說裡面裝的是臺灣的零食餅乾），還有團員說她的相機放在巴士上卻沒有被小偷拿走，因為相機是用一般的塑膠袋包住，小偷在匆忙中以為是不值錢的。

這 14 位團員遺失物品的價值基本上都在保險可以負擔的範圍之內，所以還算是不幸中的大幸。只有一位團員寫的遺失物是保險無法理賠的。

她心情很糟的表示，掉了旅遊的心情……

✈ 義大利街頭追賊記

追小偷的時候，內心不會害怕，
因為我是領隊，我不得不勇敢！而且我還有團員……

旅行團碰到巴士被小偷光顧已經夠慘了，想不到同一團竟然還發生團員當街被扒的狀況，這樣的旅行回憶真的很不美麗。團員們對義大利的治安失望透頂！

接續上一篇故事，就在大家還處在巴士上財物被偷的驚嚇之中。在我們抵達比薩時，又出狀況了。旅行的魅力就是會讓人意想不到接下來會發生什麼事，有趣的、好玩的、感人的，但這次卻是倒楣的事接二連三的來……

話說，我們的巴士抵達比薩的飯店時，因為飯店門口不能停車，所以巴士就停在飯店對街，我們下車卸下大行李準備要過馬路進去飯店，正當我忙著幫司機把行李從行李車箱拉出來時，突然聽到團員大姊大喊：「有小偷！」

我轉頭就看到一位團員大哥跟一位男團員追著兩名黑人。於是我轉身拔腿狂奔追了上去，那兩名黑人一直跑，後來跑上去一輛即將關門開走的公車，我想也不想的跳上公車

義大利 米蘭主教座堂

並阻止公車開走，面對質問偷東西的黑人，我的武器是我的勇氣以及手上的雨傘，我抓著他的手要他把偷的東西交出來，另一位黑人見狀就走過來作勢要打我，團員們則是圍在公車前面。

因為靠近火車站，剛好遇到帶槍警察巡邏，這時候警察就過來詢問我們發生什麼事？我跟警察說這兩位黑人有偷竊的行為。而這兩名黑人一直說他們沒有偷，還示意警察可以搜他們的身。於是我問背包被打開的團員，皮夾是否有在身上，他檢查了背包，皮夾確實還在，兩名黑人見狀，

在義大利警察局前寫遺失清單

當著警察的面要吐我口水，一副理直氣壯的樣子！

原來，當我忙著搬著行李時，一位大姊看見這黑人伸手進去一名團員的背包，大姊見狀大喊：有小偷！那兩名黑人嚇到後就逃跑，並沒有得手，於是就上演了這齣在義大利比薩街頭狂奔追賊的戲碼。

還好最後是虛驚一場，團員的皮夾沒有被偷，大家的感情在這事件之後變得更好，相互提醒身旁經過的可疑人士，而且團裡面的女生都把我跟男團員們當成英雄，因為我們都很勇敢！

旅行的路上，緊急事件發生時，彼此團結面對，這是我們一起經歷過的旅行回憶。

西班牙 馬德里

我和你之間的故事，從旅行開始

在巴塞隆納遺失護照

看似不起眼的一本護照，對於在外旅行的遊客來說，代表的不只是自己的身分，更是一次又一次的旅遊回憶！

而且，把護照弄丟了，不能搭飛機，就不能回家了！

身為歐洲線領隊，最怕團員遺失護照的原因，並不是重新申辦護照的手續很困難，而是團員們的旅遊行程可能因此耽誤，旅遊的心情也會受影響。不過，遇到團員遺失護照時，我還是會想辦法讓團員們冷靜，然後帶著他們去辦事處補辦。

在國外旅行，護照會遺失通常是整個包包被拿走，因為小偷要的是錢，並不是護照，所以離開飯店外出觀光時，護照可以鎖在飯店的保險箱或者是隨身攜帶在衣服的口袋，盡量不要把護照跟錢都一起放在包包裡。

在西班牙的某天早上 8 點，當我踏進飯店早餐餐廳，一對夫妻團員著急的跑來跟我說放在椅子上的包包不見了，裡面有他們的護照、信用卡還有錢。我聽到之後跟他們說先不要急，我請團員們幫忙找，大家一起在餐廳找他們的包

包，但大家幫忙找了 10 分鐘，真的找不到。

我只好跟這對夫妻說，應該是被偷了，我們先去飯店外面的垃圾桶找找看，說不定小偷拿走裡面的錢後把包包丟在垃圾桶。於是我們就在飯店附近的垃圾桶翻箱倒櫃的找呀找！

到了 9 點，翻了垃圾桶還是找不到，我跟團員說：「我們必須放棄了，因為今天是星期五，如果今天沒去補辦護照，明天你們就沒辦法跟我們一起搭飛機回臺灣，而且我們在巴塞隆納，不巧的是西班牙的臺灣辦事處位在 700 公里遠的馬德里。我們必須要搭飛機或高鐵來回。」

還好當天的行程有一位中文導遊，我只好把其他團員託付給中文導遊，然後帶這對夫妻從巴塞隆納坐高鐵去馬德里，在這之前還必須先去警察局報案，而我們在警察局裡等了快 1 個小時才拿到報案證明。搭上往馬德里的高鐵已經是中午 11 點半，在下午 3 點多抵達馬德里後，立刻趕往臺灣辦事處重辦護照，大約晚上 5 點多才拿到新的護照，然後再搭高鐵回到巴塞隆納，這樣往返奔波回到飯店已經是晚上 10 點。

這個故事告訴我們，在飯店用自助餐時，包包一定要隨身攜帶背著，不然就是不要帶進餐廳，因為小偷會混進餐廳裡，趁著你起身去拿東西時，把放在椅子上的包包偷走。雖然很順利的補辦好了護照，但是這對夫妻一天的行程就泡湯了！

西班牙 巴塞隆納

護照是旅行者最重要的東西，

在旅行的路上，我們要好好的愛護它，

就像愛我們自己一樣！

葡萄牙 里斯本

我和你之間的故事，從旅行開始

✈ 下錯火車站

在歐洲搭乘高鐵，除了欣賞沿途的明媚風光及一座座古城外，也可讓遊客快速的移動到目的地，非常便利，但是千萬不要下錯站！

有一次帶客人到法國南部參加婚禮，婚禮結束後，預計從里昂搭 TGV 高鐵前往巴黎，我們是搭乘下午 3 點從里昂車站出發的高鐵，到了里昂車站，我跟團員宣布高鐵將在下午 5 點抵達巴黎，行駛的時間是 2 小時，中途列車停靠的站都不能下車，要到 5 點才能下車，而且我們會在不同車廂，我沒辦法注意到每個人喔！請大家注意下車時間。

後來，我們的列車晚了大約 10 分鐘才進到里昂車站，大家拉著自己的大行李，一件件的拖上高鐵後，列車就開始行駛了，我的座位在第二車廂，有的團員跟我在同一個車廂，而有些團員的座位則是在第四車廂。

兩小時的車程，我戴起耳機聽音樂，眼睛看著窗外美麗的法國鄉村風情，舒服的沉浸在自己的浪漫世界。

然而快樂的時間總是過得特別快，4 點 55 分時，我起身去

法國 尼斯

行李架拿大行李，然後順便跟同一車廂的團員說差不多準
備下車，大約 5 點時，列車準時停了，但是我看這個車站
好像不是我要下車的 Paris Gare de Lyon 車站，然後腦子裡
忽然閃過出發時列車延誤了 10 分鐘，延誤了十分鐘……所
以到達 Paris Gare de Lyon 車站應該是 5 點 10 分，天哪！
這一站不是我們應該下車的車站呀！我趕緊叫同車廂的團
員先坐下，是下一站才能下車。

於是我奔跑到第四車廂，要跟第四車廂的團員說不要在這
一站下車，當我跑到第四車廂時，團員都已經拉著大行李
在月臺上跟我隔著玻璃相望了。

我趕緊跑下去月臺大聲的跟團員說：「不是這一站下車！！！」

這時列車門快關起來了，團員聽到我這樣說之後，每一個人都手忙腳亂的拉著自己的大行李想再回到車廂上，緊急再搬上車的大行李只能暫時放在走道，但是行李多到走道都快塞不下，我們只好打開廁所門暫時硬塞幾個進去，真的是千鈞一髮、驚險萬分。

好險團員跟行李都順利的再回到車上，下次，我不敢再說幾點到達目的地了！

本該是一趟輕鬆愜意的法國高鐵之旅，
竟然落得最後的狼狽收場。
旅行又幫我上了一課！

義大利 羅馬納沃納廣場

我和你之間的故事,從旅行開始

✈ 在羅馬走失的姊妹

我坐在羅馬的西班牙石階上，右手摸著自己的頭髮，苦惱的看著手機上的通訊軟體，心裡想著那對姊妹現在到底在哪？撥打他們的手機轉到語音信箱，嘗試著用通訊軟體跟他們聯絡也找不到人，大街小巷走了好幾遍，過了一個多小時了，我還是找不到她們。

這一個義大利團，團員有 27 位，我們約定下午 5 點在精品店前面集合，時間到的時候只有 25 位，等了 5 分鐘還差一對夫妻沒到，有團員說好像看到他們在麥當勞，於是我請這 25 位團員在原地等我，我去麥當勞找那對還沒到的夫妻。

一到了麥當勞門口之後，就碰到那對夫妻，他們跟我說因在上廁所，所以晚到了，於是我放心的跟他們回到原本集合的精品店，然後就帶著團員步行 15 分鐘到不遠處的餐廳吃晚餐。

抵達餐廳後，我請團員開始入座，他們都坐好之後，發現還有 2 個空位！咦？於是我再清點人數，只有 25 位?! 我剛剛明明從麥當勞帶回那對夫妻呀，怎麼可能還少 2 位？

仔細看了一下，竟然有雙姊妹不在這裡。

於是我立刻狂奔返回精品店找她們，一邊跑回精品店，我一邊拿著手機試著聯繫她們姊妹，但始終都沒辦法聯絡上。

到了精品店後，沒看到她們姊妹倆。她們不見了？

這對姊妹正是事主

我只好在附近的巷子繞來繞去，心想她們應該不會跑太遠，但是繞了快 40 分鐘，還是沒有看到她們的蹤影。而且我很確定，5 點集合時我有看到她們姊妹倆。怎麼會沒跟著我們一起走到餐廳？已經 6 點多了，我還是找不到她們，而且我一直嘗試著用通訊軟體跟她們聯絡，但就是沒有回應！

我累到坐在石階上休息，心裡苦惱著是否該去報警了？

就在此時，我的手機通訊軟體出現了來電，是那對姊妹打來，她們說她們現在在某一間咖啡廳裡，她們借咖啡廳的 WIFI 才能上網聯繫上我。

原來，她們準時在 5 點集合，但就在我去麥當勞找那對夫妻時，她們姊妹又跑進去一間

藥妝店買東西,當我在麥當勞找到那對夫妻,回到精品店,我們走往餐廳,她們姊妹還在藥妝店裡,等到她們買完東西出來,發現沒有半個人就到處亂走了。

這時要跟參加旅行團的各位說明,跟團時發現自己跟丟了,最好的方式是留在原地等待,領隊一定會回來找你的。

這一對樂觀的姊妹在羅馬走丟過一次後,在接下來行程裡再也不敢離開我半步!

而我也提醒自己,清點人數雖然很簡單,沒落實做到只會讓事情變得很複雜。

挪威 奧斯陸

我和你之間的故事，從旅行開始

✈ 我們不吃了

民以食為天,吃飯是很快樂的事情,除了食物好吃外,用餐的環境也是非常重要的,有時候餐廳對待我們這些團體客人不是那麼的友善,這時候身為領隊就必須據理力爭!

決定旅行團品質高或低的重要因素除了住宿外就是餐食了,餐廳是各家旅行社非常重視的環節,針對餐廳的挑選,各家旅行社是各出奇招,有時候不同旅行社會挑到同一家餐廳,而餐廳有時也會在同時段接受好幾個旅行團預訂,所以會跟其他旅行社恰巧在同一個時段用餐,而,問題就常常出現在這裡。

不同旅行團,在同一家餐廳用餐,會發生各家旅行社預訂的餐食不同,有的有含飲料、甜點,或者是有含前菜、湯品。還有,用餐的座位環境不相同,對於帶團的領隊而言,像這樣碰到其他家旅行社也在同一家餐廳吃飯,當自己的團處在不利的狀況時就會很尷尬!

有一次我們的旅行到了瑞典的首都斯德哥爾摩,下午走完行程後,我們在一個漂亮的廣場旁邊用晚餐,大概晚上6

瑞典_斯德哥爾摩

點半我帶團員進去餐廳，服務生引導到我們到座位區，途徑中我們走過一區有透明玻璃天花板的半露天座位區，採光很棒、桌距很寬，四人一桌很舒適，可惜這不是我們的座位，又走好幾步進到了室內才到我們的座位區！

我們全團是 20 人，室內只擺了兩張長方形桌，而且空間狹小，一個人起身，左右兩旁的人都會受到影響，甚至還有兩個座位是被左右包夾的靠牆壁座位區，這餐廳把位置排的太擠了，重點是很多團員問我：「為什麼我們不能坐在

剛剛經過的那一區有玻璃天花板的座位區？」

就在此時，室外傳來了另一團就坐時移動椅子跟講話的聲音，原來，另一家旅行社就坐在我們剛經過的那一個座位區，我跑出去看了一下，他們的位置很明顯就比較大，坐起來也舒服。

於是我問服務生：「為什麼我們不能坐在那一區？他們有付比較多的錢嗎？我們坐在這室內真的太擠了？」

服務生對我雙手一攤！表示沒辦法，一點也不想理我的意思！

於是我跟團員說：「走，我們不吃了！我帶你們去吃其他的好料。」

正當我們走出去到外門的廣場，餐廳經理在後面追了上來，並且對我說很抱歉，然後立刻幫我們安排了另外一區很舒適的用餐區域。

我並不是愛計較，也不是愛比較，只是在替團員維護應有的權利，這是我分內的事，而且我只是要求讓團員在舒適的環境下用餐，一點都不過分吧！

我們要求的並不是公平，而是最基本的尊重！

會心一笑

有時候，
旅行結束後，
那些複雜的歷史、地理，
可能都留在當地了，
帶回來的是，當你想到時，
一輩子都會讓你會心一笑的旅伴。

克羅埃西亞 杜布羅尼克

丹麥 哥本哈根

我和你之間的故事，從旅行開始

✈ 都是為了廁所

在臺灣的觀光景點上廁所很方便，而且環境乾淨，重點是免費。但是在歐洲國家的大部分觀光地區，廁所不多，還要收費，對於從苦日子辛苦熬過來的長輩來說，節儉是種美德，上廁所要付錢對他們來說是種浪費，所以身為領隊的我會盡一切可能幫團員在旅行中找免費的廁所。

記得 8 年前剛入行當領隊時，前輩說帶團時有一個景點是每天都必須去的，有時候一天還去很多次，這麼重要的景點，是每位領隊都要知道的，這景點就是廁所。對我來說，認識一個城市，也都是從認識廁所開始的。

歐洲地區有很多的公共廁所要收費，在克羅埃西亞的杜布羅尼克古城也不例外，某次，帶團員到這座城市旅行，當天下午我們的行程是爬高高低低的古城牆，因為夏天天氣比較炎熱，爬城牆最好的時間是四、五點的時候，於是用完午餐後在下午兩點半時，我先讓他們在古城裡自由活動，可以買些紀念品或者是在港口邊拍照，然後下午四點集合再一起去爬城牆。

解散之前，我跟團裡的大哥大姊說，在港口轉角處有一間

捷克 帖契

公共廁所，但是這間廁所要收費，一次大概是臺幣 30 元。
如果要上免費的廁所，在城牆上面才有免費的。只不過要
等到四點集合之後，我們再一起去爬城牆。

這古城牆全長將近 2 公里，是歐洲保存狀況最完整的中世
紀古城牆，有的地方比較高有的地方比較低，因此有時必
須上樓梯，有時候下樓梯，沒有一點體力還真的無法走完
全程，甚至於有些團員會直接跟我說不想去爬城牆。

4 點到的時候，團員都集合完成了，因為團裡面滿多 70 幾
歲的長輩，平常大家走路都比較慢，於是我就詢問團員有

沒人不想去爬城牆？結果出乎意料的全團的大哥大姊都想去爬城牆，於是我就帶著他們開始往上爬。

上到城牆之後，就有大姊問我：「小龍，你說的免費廁所在哪裡？我要先去上廁所。」

我說：「在前方大概 500 公尺。沿著城牆這條路一直走就會看到。不過大概要再走 20 分鐘喔！」

我的話才一講完，就看到三、四位大哥大姊加快了腳步，瞬間超越了我，一古腦兒往前衝，平常走路都慢慢的他們，在這時候突然走得很快，我也只好跟著他們把腳步加快，原本 20 分鐘才會到達城牆上的廁所，我們只花了 10 分鐘就到了！

大哥大姊們為了上廁所，氣喘吁吁的在城牆上狂奔快走，一切都是為了上廁所呀！

錢再賺就就好，但健康失去了，卻很難再賺回來。旅行時，不要為了省一點小錢而不上廁所喔！

✈ 健身的習慣

當領隊的福利就是每天都可以住在飯店裡，而飯店通常會附設免費的健身房，在我開始當旅行團的領隊之後，我就很喜歡去飯店的健身房運動。

還記得第一次的跟團學習是跟著我敬愛的前輩去土耳其，白天的時候很努力的在車上聽著前輩拿麥克風講話，也把他所講的話都記在筆記本上，認真的記錄他的每個帶團的步驟及方法。他也不吝嗇的把所有的經驗與我分享。

甚至到了晚上時，他還會帶我去飯店的健身房。因為他跟我們說，擔任領隊除了學識豐富外，最重要的是還要有好的體力。

有一天的行程到了土耳其南部地區的地中海渡假城市安塔麗亞，這是一座擁有羅馬時代及鄂圖曼時代古蹟的現代大城市，擁有很多高級的濱海度假飯店，及來自北方俄羅斯或北歐的一些遊客，而我們就住在其中一間飯店裡。

吃完晚餐之後，前輩提議晚上一起去飯店的健身房運動。今晚入住的高級渡假飯店的建身房設備果然很齊全，想不

日本 大阪

自從在健身房碰到打桌球的
俄羅斯女孩之後，
我就喜歡上健身房運動，
但是再也沒有碰過養眼的畫面了。

到連桌球桌也有，於是前輩就說不然我們今晚打桌球，我一口就答應了，因為我在當兵的時候可是靠著打桌球在放榮譽假的。

於是我就跟前輩對打，想不到前輩打的也不錯，我們玩了大概 10 分鐘之後，有 2 位俄羅斯的女生也來到健身房，她們看到我們在玩桌球就跟我們說：「Can we join?」前輩回道：「OK。」

於是我跟前輩一組，她們 2 位俄羅斯女生一組，她們 2 位女生根本不是我們的對手，在前 3 盤，我們都以懸殊的比

數大勝。

這兩位俄羅斯女生在第 4 盤開始前，竟然不約而同的把上衣脫了！！！

然後只穿著內衣要跟我們對打，這時候我跟前輩互看了一下，眼神就像開心的說著「賺到了」。不過第四盤開打之後，我們就再也沒有贏過她們了。

我跟前輩的眼睛不知道要看哪顆球才好，怎麼可能贏球呢？

自從那次美好的經歷之後，每次帶團到歐洲，晚上只要有空，我就養成到健身房裡運動的好習慣。

每次在遊覽車上講這個故事，當天晚上飯店的健身房裡就會擠滿了男生團員。

人生的終點都一樣，
差別只在於這段過程精不精采，
當一個快樂的旅行者，一路笑著走向出口。

✈ 維修中的古蹟

歐洲的漂亮建築是吸引旅客前往的主要原因，站在任一城市的街頭，感受不一樣的異國氛圍就讓人感到很興奮，不論是古老的希臘、羅馬建築或中世紀的哥德式、文藝復興還是巴洛克式建築都像是一件件精緻的藝術品，而且是年代久遠的珍貴建築，幾百年甚至是千年的都有，因此古蹟維護工程必須持續且不斷的進行。

我們是旅行團，千里迢迢的坐了很久的飛機從臺灣來到歐洲，為的就是看這些歷史悠久的古建築，但是有時候如果正好碰到古蹟正好在維修，這樣可會令人失望。

身為領隊的我們當然要盡量避免帶團員去參觀這些維修中的古蹟或者是改參觀其他替代性景點。如果是入內的博物館或者其他比較知名的景點，在網路上會有古蹟維修公告，但一般的非入內景點就很難掌握！

話說，有一次帶著團員搭了 20 小時的飛機抵達西班牙的馬德里後，立刻坐上旅遊巴士前往郊外的阿維拉古城。

這是座聯合國世界文化遺產認定的城市，以保存完善的巨

有時候古蹟正在進行修復，

而當領隊的並沒有掌握到狀況，

當下就會很想挖個洞往地底鑽！

西班牙 托雷多

大城牆而得名，外號「石頭城」的城牆有 88 個高塔，及 9
個城門。

我在遊覽車上拿麥克風跟團員介紹著：「等一下我們就會
抵達阿維拉古城，下車之後，先帶各位貴賓去上洗手間，
然後就去古城最漂亮而且最壯觀的阿卡乍城門拍照，這城
門代表的正是阿維拉城的精神，是一定要去拍照留影的。」

下車後，領著團員去上廁所，之後就慢慢的一起走到阿卡
乍城門，我邊介紹著阿維拉的歷史邊提醒團員等一下可以
在大門口前留影，等到我們走到大門口時，我一整個傻眼
了！

天啊！整個城門完完全全被綠色網子圍起來，這根本沒辦
法拍，我不只傻眼也突然詞窮不知道該說什麼？

✈ 阿姨真夠狠

印度是個充滿不可思議的國度，不論是馬路上的混亂交通還是有點令人怯步的攤販甚至是讓人害怕的飲水問題都不足以影響旅客前來遊玩的興致，而且對於這個擁有百萬神祇的國度，不論是印度教、伊斯蘭教、佛教、錫克教都有著不同的信仰，卻都能在同一片土地上成長。印度，不只不可思議，還挺有意思的！

帶團到印度時，踏出機場前我都會跟客人說等一下在路上可能會看到很多讓你驚訝的事情。話才說完，一出機場，一堆人蜂擁而上搶著幫我們拉行李到巴士上，這些人目的是要跟我們要小費。擺脫了這些人的糾纏，坐上我們的旅遊巴士開始上路後，路上一直聽見各式各樣不同車輛的喇叭聲此起彼落，摩托車，嘟嘟車還在馬路上鑽來鑽去的，連牛都在馬路上跑來跑去，然後在鐵軌上還有人視若無睹的直接脫褲子上大號，客人們都看得目瞪口呆的。

有一次我們的行程到了阿格拉，有一位阿姨跟我說想嘗試喝看看路邊攤的奶茶，我跟阿姨說：「真的嗎？但是在路邊的攤販都髒髒的，而且我不確定奶茶好不好喝？乾不乾淨喔？如果妳確定想喝，我是可以帶妳去買。」

印度 阿格拉

印度 瓦拉納西

路邊攤販賣的奶茶，你敢喝嗎？

想不到阿姨說:「來了當然要試看看,你帶我去,然後順便請你喝一杯。」我心裡面其實很不想喝路邊攤的奶茶呀!不過我還是帶著阿姨到賣奶茶的路邊攤。

先前在路上時,我跟阿姨說在印度的路邊攤買東西一定要殺價,而且至少要從打對折殺起。到了奶茶攤前,我問攤販一杯多少錢,他說:「ten rupee。」

阿姨立刻搶著說:「five rupee。」

小販立刻說:「OK。」

阿姨問我要不要喝,我說我不要。於是阿姨拿了十塊盧比給小販,而小販還是拿了 2 杯奶茶給我們,然後說:「minimum is ten rupee。」(最低消費 10 塊盧比)

果然,一山還有一山高呀!

有的時候,在觀光景點會有小販手拿著東西來車上賣,我也是一樣跟團員說如果喜歡的話可以直接對半砍價,因為他們都會把價錢拉的很高讓你砍價,團員都殺價殺得很開

心，也買得很盡興！

到了最後一天，我拿起麥克風跟團員說：「今天是行程的最後一天了，小龍要跟大家收小費，一個人是 100 塊美金。」

想不到那位喝路邊攤奶茶的阿姨竟然對著我喊價：「兩個人 100 塊美金。」

不好意思！阿姨，咱們是臺灣團，不二價滴。

印度的各種不可思議，連帶著讓旅客也跟著有創意了！（笑）

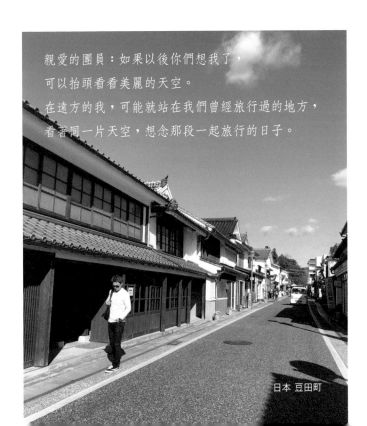

親愛的團員：如果以後你們想我了，
可以抬頭看看美麗的天空。
在遠方的我，可能就站在我們曾經旅行過的地方，
看著同一片天空，想念那段一起旅行的日子。

日本 豆田町

屬於自己
的那片風景

路上遇見的最美麗風景，
往往就在自己身邊！
生活中失去的熱情，
我們在旅行中找回來！

有一道華麗的光在天上自在飛舞著，
我知道那道劃破黑夜的光，是你。

我和你之間的故事，從旅行開始

✈ 北歐極光

你離開之後，我始終願意相信與等待，

終有一天，

在布滿繁星的夜空中，

會有一道華麗的光在天上自在飛舞著，

我知道，那道劃破黑夜的光是你，

你一直存在著，只不過以另一種方式，

重現在我的生命裡。

每當想你時，我會守候著星辰，

靜靜望著夜空，盼著你。

即使出現的時間短暫，每一刻都在我心裡很久。

美麗的極光，告訴我你在那裡過得很好。

你消失卻還存在，就足以豐富我人生的不完整。

藏在心中許久的夢想，
隨著熱氣球緩緩升空，
這是第一次感到重生。

土耳其熱氣球

在黎明曙光出現前的黑夜裡，醒來，

為的就是那片永生難忘的奇特風景，

以及藏在心中許久的夢想。

隨著熱氣球緩緩的升空，

眼前的視野也愈來愈遼闊，

伴著太陽緩緩升起，

天空染成了粉紅色，望著地面那一望無際的火山地形，

深深撼動了內心深處的情緒，無法壓抑的高聲讚嘆著大地。

浮在空中的夢，不只實現了，也見到了不一樣的自己。

在離家八千公里的這片土地上，第一次感受到重生。

告別過去的那個自己，需要的是旅行。

✈ 義大利藍洞

乘著一葉扁舟，航行，在虛幻的晶藍波光海面。

這並不是在夢中，感覺卻遠比夢境更不真實，

出口就在前方，

但此刻內心深處獲得的平靜，令人不自主的屏住呼吸，

渴望時光能就此暫停在美好又寧靜的時刻，

不願離開這觸動人心的幻影。

心中的那份感動，是旅行最美的風景。

 # 返程

旅行過後，在滿滿的回憶裡，

最捨不得的並不是國外那些迷人的風景，

而是相處十幾天像朋友的團員們。

困難的也不是帶著他們上山下海環遊世界，

而是離別時說一聲再見。

我和你的旅行並沒有結束，因為我們很快會再帶著彼此，

展開下一段美麗的旅程。

每個人心中都有屬於自己喜歡的風景，
以及不願說出口的祕密。

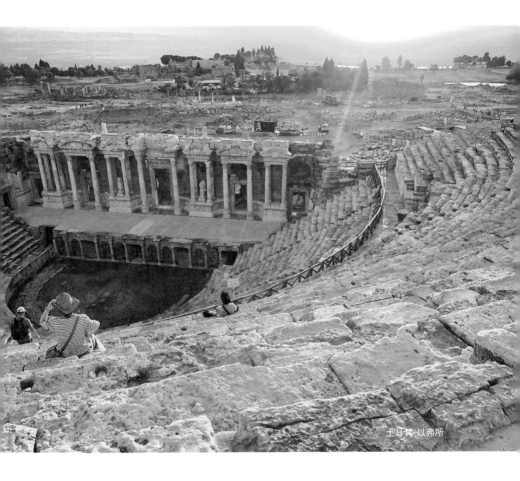

土耳其·以弗所

趁著還走得動，出遠門去旅行。
等到累了，走不動的時候，
才有更多的故事回憶自己曾經勇敢走過的世界。

我和你之間的故事，
從旅行開始

作　　　者／李小龍 Justin Li
美 術 編 輯／方麗卿
企畫選書人／賈俊國

總　編　輯／賈俊國
副 總 編 輯／蘇士尹
編　　　輯／高懿萩
行 銷 企 畫／張莉滎・廖可筠・蕭羽猜

發　行　人／何飛鵬
法律顧問／元禾法律事務所王子文律師
出　　版／布克文化出版事業部
　　　　　臺北市中山區民生東路二段 141 號 8 樓
　　　　　電話：(02)2500-7008　傳真：(02)2502-7676
　　　　　Email：sbooker.service@cite.com.tw
發　　行／英屬蓋曼群島商家庭傳媒股份有限公司城邦分公司
　　　　　臺北市中山區民生東路二段 141 號 2 樓
　　　　　書蟲客服服務專線：(02)2500-7718；2500-7719
　　　　　24 小時傳真專線：(02)2500-1990；2500-1991
　　　　　劃撥帳號：19863813；戶名：書蟲股份有限公司
　　　　　讀者服務信箱：service@readingclub.com.tw
香港發行所／城邦（香港）出版集團有限公司
　　　　　香港灣仔駱克道 193 號東超商業中心 1 樓
　　　　　電話：+852-2508-6231　傳真：+852-2578-9337
　　　　　Email：hkcite@biznetvigator.com
馬新發行所／城邦（馬新）出版集團 Cité (M) Sdn. Bhd.
　　　　　41, Jalan Radin Anum, Bandar Baru Sri Petaling,
　　　　　57000 Kuala Lumpur, Malaysia
　　　　　電話：+603- 9057-8822　傳真：+603- 9057-6622
　　　　　Email：cite@cite.com.my
印　　刷／韋懋實業有限公司
初　　版／2019 年 05 月
售　　價／380 元
ISBN／978-957-9699-88-4
城邦讀書花園　www.cite.com.tw　布克文化